# DIE HAUPTBÜCHEREI WIEN

EIN BAU VON ERNST MAYR

# THE MAIN CITY LIBRARY VIENNA

A BUILDING BY ERNST MAYR

SpringerWienNewYork

Das Bücherschiff im Verkehrsstrom / *The "ship of books" amidst the flow of traffic*

# EIN FLAGGSCHIFF GROSS IN FAHRT
## *A FLAGSHIP IN FULL SAIL*

A L F R E D   P F O S E R

Es ist ein markantes Gebäude mit Schiffscharakter, mit seiner riesigen Freitreppe weithin am Gürtel sichtbar: die neue Hauptbücherei der Büchereien Wien. Am 7. April 2003 wurde sie feierlich eröffnet. Wie der Augenschein täglich beweist, haben die Wienerinnen und Wiener das Haus fest in Besitz genommen. 3000 Personen kommen durchschnittlich an jedem Öffnungstag. Zirka 10.000 Besucher haben sich durch das Haus führen lassen. Und das Interesse lässt nicht nach, sondern steigt noch leicht an, zu den bisher 38.000 Neueinschreibungen gesellen sich täglich zwischen 50 bis 150 Leser dazu. Die Hauptbücherei bedient offensichtlich ein vorhandenes, bisher in Österreich bildungspolitisch unterschätztes Bedürfnis: den Wunsch nach einer großen, leicht zugänglichen Allgemeinbibliothek mit großem Freihandbestand, bequemen, kostengünstigen Entlehnmöglichkeiten, luxuriöser Arbeitsatmosphäre und viel Multimedia. Ein feines Veranstaltungs-, Animations- und Schulungsprogramm und kleinere Ausstellungen machen die Hauptbücherei vollends zum Kultur- und Bildungszentrum, zu einem Lern-Ort ersten Ranges, in dem persönliche und berufliche Weiterbildung zusammenfließen. Auch europaweit findet sie in Fachkreisen Anerkennung und Interesse. Im Januar 2004 errang sie in Leuven/Belgien den „Landmark Libraries Award".

Dabei ist sie eine Provokation für alle Bibliotheksplaner. Die Hauptbücherei am Gürtel kann definiert werden als „paradoxe Intervention" im Öffentlichen Raum. Bibliotheken werden herkömmlich gern in Parks oder in verkehrsarmen Straßen und Plätzen gebaut, haben ein entsprechendes Entrée in Vorform eines kleinen Vorplatzes, sind in der Innenstadt zentral platziert. Eine Hauptbücherei im Museumsquartier wäre eine solche Bibliothek gewesen. Am Gürtel ist dies ganz anders: Dort sind Autos, Straßenbahnen und die U-Bahn dominierend. Dort herrscht die wilde Dynamik der Großstadt, dort fordern Rotlichtmilieu und Drogenszene heraus, dort

*The new Main City Library in Vienna is a striking, ship-like building, its huge outdoor staircase visible from afar on the Gürtel ring-road. It was formally opened on 7 April 2003. As you can confirm for yourself daily, the Viennese have taken possession of the building, 3,000 people on average visit it every day it is open. Around 10,000 people have taken a tour of the building and the interest is not declining, but even increasing slightly. Around 50 to 150 new members daily join the 38,000 readers already registered. Clearly the Main Library serves an existing need that has previously been underestimated in Austrian educational policy: the wish for a large, universally accessible general library, a luxurious working environment with a large open-shelf stock, comfortable and reasonably priced borrowing and a large range of multi-media. A well-worked out events and training programme and small exhibitions make the Main Library into a complete cultural and educational centre, a first-class place to learn in that combines the goals of personal and professional further education. It has received recognition and provoked interest throughout Europe and in January 2004 was granted the "Landmark Libraries Award" in Leuven/Belgium.*

*In fact the building is a provocation for all library planners. The Main Library on the Gürtel can be defined as a "paradoxical intervention" in public space. Libraries are generally built in parks or on streets or squares with little traffic, have an appropriate entrance area in the form of a small forecourt and are usually centrally located in the inner city. A main library in Vienna's new Museumsquartier would have been this kind of library, for instance. The situation on the Gürtel ring-road is very different: motorcars, trams and the Underground train line dominate the scene. The wild dynamics of the metropolis prevail here, the red-light district and the drug scene present a challenge. The area is a contrast and counterpoint to the polite, small-scale flair of the inner city. This is pre-*

gibt es den Kontrapunkt zum kleinstädtischen Flair der Innenstadt. Das ist genau der Ort, vor dem sich eine Bibliothek herkömmlich fürchtet, wo sie aber zugleich zu ihrer uralten Mission finden kann: der Zivilisierung des Menschen, die Vermittlung von Kultur und Bildung inmitten des Unbehagens der Moderne. Die Öffentliche Bibliothek, oft visuell versteckt, wird am Wiener Gürtel monumental und spektakulär sichtbar. Ein unschätzbares Plus in der Ökonomie der Aufmerksamkeit.

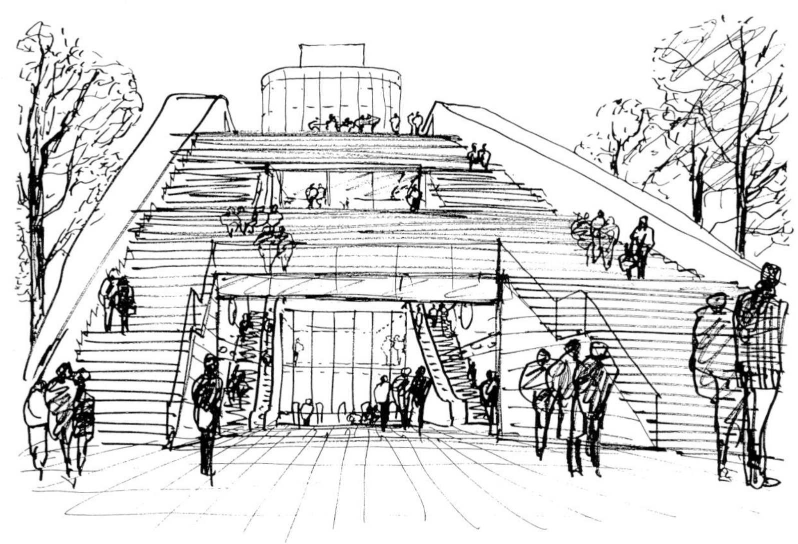

Erkennbarkeit und Erreichbarkeit machen es möglich. Die neue Hauptbücherei zieht viele Zielgruppen an, die sie bisher nicht erreicht hat. Eine Mittelschicht-Institution ist konfrontiert mit der Diversität der Großstadt und versucht zunächst mit der Diversität der Bestände zu reagieren. Nach der Philosophie des Hauses soll es für alle immer einen Grund geben, die Hauptbücherei anzusteuern und sie zu benutzen: Sie ist gleichermaßen Anlaufstelle für Schüler/Studenten wie für die nachwachsende Generation der türkischen Immigranten, für eilige Berufstätige, die schnell hereinschauen wollen wie für Kinder, die hier mit ihren Eltern einen Nachmittag verbringen, für besessene Romanleser mit dem erlesenen Geschmack wie für Technik-Experten, der mit neuesten EDV-Handbüchern ein Problem lösen will. Jugendliche finden hier Unterlagen zur Berufsfindung und Berufsorientierung. Sie heißt Einsteiger ebenso willkommen wie Spezialisten. Die Aktion „Seniorenfreundliche Hauptbücherei„ (mit Führungen, Schulungen) soll die Generation 50 plus besonders



*cisely the kind of location generally feared by libraries and librarians, yet in fact it is a place where the library can rediscover its original mission: the civilisation of people, the transmittal of culture and education amidst the bustle of modern life. The public library, often visually concealed, is here made monumentally and spectacularly visible on the Vienna Gürtel, which is an inestimable benefit in terms of attracting attention.*

*The easy recognizability and accessibility of the building make a great deal of things possible. The new Main Library attracts many target groups that the library previously could not reach. A middle-class institution, confronted here with the diversity of the metropolis, attempts to react with the diversity of its assets. The philosophy behind this building is that there should always be a reason to visit and use the Main Library. It is, to equal extents, a centre for school pupils and students, for the growing young generation of descendants of Turkish immigrants, for busy working people who want to take a quick look inside, as well as for parents who can spend an*

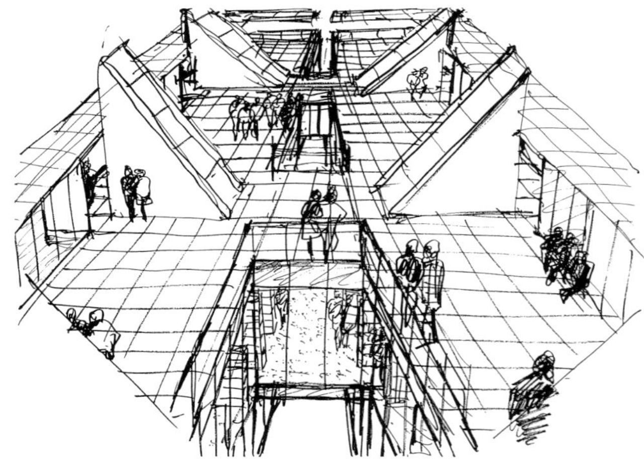

*afternoon with their children here, for obsessive readers of novels with sophisticated tastes as well as for technology freaks who want to consult the latest computer handbooks to solve a problem. Young people can find here literature about career choices and career orientation, the building welcomes both novices and specialists. The "Main Library for Senior Citizens" programme is designed to appeal especially to the generation over 50 (with guided tours and introductory courses). The Main Library combines and balances traditional knowledge and*

ansprechen. Die Hauptbücherei verbindet und balanciert altes Wissen mit der aktuellen Produktion, ist vorbereitet auf die notwendige Flexibilität in der zukünftigen Mediennutzung und Informationsgewinnung und setzt sich ständig mit neuen Lernarrangements für einzelne wie Gruppen auseinander.

Die Büchereien Wien haben viel Mühe und Überlegung und Geld in den Bestandsaufbau investiert, haben mit neuen attraktiven Schwerpunkten (Sprachen lernen, Beruf-Karriere, Naturwissenschaften, EDV) die alten Stärken bereichert und haben einen unbändigen Ehrgeiz entwickelt, mit den jeweils aktuellen Büchern und Medien anzutreten und so die ganze Wissenskette von der Antike bis zum heutigen Tag vorzulegen. Die Nachfrage (45 Prozent Prozent des Bestandes sind permanent ausgeliehen) belegt, dass die Wienerinnen und Wiener mittlerweile gelernt haben, dass die Hauptbücherei einen ungeheuren Reichtum an Angeboten, verschiedene Möglichkeiten des Gebrauchs und eine Menge Aktivitäten bietet. Wie in den Zuschriften auf der Homepage nachlesbar, geraten viele NutzerInnen ins Schwärmen. Jeder erhält hier professionelle Unterstützung, jeder wird mit dem selben Respekt behandelt. Gute öffentliche Bibliotheken sind ein Zeichen angewandter Demokratie und Chancengleichheit.

Die große Freitreppe ist ein ebenso starkes wie geniales Symbol für eine Öffentliche Bibliothek, sie verweist nachhaltig auf die Offenheit, hat einladenden Charakter und bedeutet Begehbarkeit wie Zugänglichkeit und steht wie das gebaute Versprechen da, dass der Weg nach oben über Bildung und Aufklärung führen. Die Hauptbücherei gibt sich vom ersten Anblick an generös und spornt die Neugierde an, sie stellt visuelles Vergnügen in Aussicht und verschafft auf vielerlei Weise Überblick. Sie verschreibt sich hundertprozentig der Philosophie der Niederschwelligkeit, wie sich auch im Innen der U-Bahnstation zeigt. Eine Rolltreppe lockt die zufälligen Passanten wie den festentschlossenen und gewohnten Zug der Bibliotheksbenutzer vom öffentlichen Raum ins Abenteuer Bibliothek. Das Bibliotheksfoyer wirkt mit der Zeitungslesezone und den Ausstellungsflächen einladend wie eine Hotelhalle, gleichzeitig hat es Funktion eines Bahnhofs, der Reisende mit unterschiedlichen Destinationen empfängt und wieder entlässt, und bildet zusammen mit der Internetgalerie und dem Veranstaltungssaal im Stock darüber den bewegten Marktplatz der Bibliothek, die „open

*current production, it is designed so that it can continue to offer in the future the necessary flexibility in the use of media and accessing of information. New learning arrangements for both individuals and groups are constantly examined and assessed.*

*The Vienna libraries have invested a great deal of effort, thought and money in building up their stock, have enhanced their traditional strengths with new attractive focal points (language learning, profession and career advice, natural sciences, electronic data processing) and are fired by a boundless ambition to offer the most up-to-date books and media and thus present the entire chain of knowledge from antiquity to the present-day. The demand (45 per cent of the stock is always out on loan) proves that the people of Vienna have learned that the Main Library offers an immense wealth of possibilities and any number of interesting activities. As can be read in the messages on the library homepage, many users are ecstatically enthusiastic. Everybody is offered professional support, everybody is treated with the same respect. Good public libraries are a sign of applied democracy and equality of opportunity.*

*The impressive external staircase is a strong and ingenious symbol for a public library; it is a permanent reference to the concept of openness, has an inviting character and signifies accessibility as well as approachability. It stands like a built embodiment of the promise that the path upwards leads via education and enlightenment. From the very first glance the Main Library is revealed as a generously designed building that excites our curiosity, promises visual pleasure and provides an overview in many different ways. It is committed one hundred per cent to the philosophy of reducing inhibitions about entering the building, a fact also shown in the design of the interior of the Underground station. The escalators there attract both casual passers-by as well as the focussed stream of visitors and transport them from the public space into the realm of adventure represented by the library. The library foyer has a newspaper reading area and exhibition zones that make it as inviting as a hotel hall, but at the same time it functions in a way like a railway station that receives travellers to different destinations and then dispatches them again. Together with the Internet gallery and the events hall on the floor above it forms a lively market place in the library, an "open*

access area", die oft auch dann geöffnet ist, wenn die Buch- und Medienbestände längst geschlossen sind.

Das langgestreckte Gebäude, unterstützt durch die raffinierte Lichtführung, erweist sich mit seinen vielen Nischen als angenehmer Ort zum Verweilen. Das emsige Treiben im Bibliotheksfoyer mit der Rückgabestation verliert sich schnell im Bibliotheksinnern. Der lang gestreckte Baugrund ist keine ideale Vorgabe für die Großbibliothek, aber die durchdachte Innenraumgestaltung hat die Aufgabe der Zonierung überzeugend bewältigt und die so unterschiedlichen Bibliotheksfunktionen in einer kohärenten Struktur durchdacht entwickelt. Es gibt ruhige Sektoren im Haus wie das Philosophen-Heck, der Pool an EDV-Plätzen auf der Ebene darüber oder das Zentrum für Klassische Musik, in denen eine konzentrierte Arbeitsatmosphäre wie in einer klassischen Klosterbibliothek herrscht. Im Kindermedienzentrum Kirango wie in den „Szene"-Zonen für populäre Musik und Film ist das Publikumsgeschehen schon geschäftiger. Aber auch da gibt es Ecken und Kabinette, die aus dem Publikumsstrom herausführen. Die Vielfältigkeit des Raumerlebnisses setzt sich um in der Vielfältigkeit der Wissensbereiche und hilft mit, die Bibliothek zum örtlich real erfahrbaren „Edutainment", zur lustvoll erfahrenen großen Wissens- und Freizeitmaschine zu transformieren.

Beim Studium der Benutzungsstatistik hat es für die Bibliotheksleitung eine Überraschung gegeben: Gegenüber der Hauptbücherei Skodagasse ist das

entlehnende Publikum älter geworden. Am Gürtel sind nur mehr 83 Prozent unter 40 Jahre, in der Skodagasse waren es noch 85 Prozent. Die Josefstadt mit dem nahen Uni-Campus ist ein Studentenbezirk mit vielen Studentenheimen, was sich auch im Nutzerprofil der alten Hauptbücherei Skodagasse bemerkbar machte. Die neue Lage, die direkte Verknüpfung mit der U-Bahn bringt die Hauptbücherei sowohl im mentalen Stadtplan als auch in realen Anfahrtszeit näher an alle Wiener Bezirke und zieht deshalb mehr Nutzer aus bisher weniger repräsentierten älteren Schichten an. Gleichzeitig hat die Zahl der Jugendlichen zwischen 14 und 18 Jahren deutlich angezogen, in der Vor-Ort-Nutzung dominiert noch deutlicher das jüngere Publikum. Hier wirkt das Umfeld, die nachwachsende 2. und 3. Generation der einstigen Arbeitsimmigranten drängt, zur Überraschung vieler Sozial- und Jugendarbeiter, auffallend vehement in die Hauptbücherei. Sie finden Spaß am Haus, sind besonders fasziniert von den Möglichkeiten der Multimedianutzung vor Ort und genießen den Reichtum der entlehnfähigen audiovisuellen Medien.

Vom Aufwand her bedeuten die bisher 1,6 Millionen Entlehnungen (durchschnittlich über 6000 pro Tag) plus die entsprechenden Rückgaben eine große logistische Herausforderung. An die 500.000

*ing on the Gürtel only 83 per cent are under 40, whereas in Skodagasse it was 85 per cent. Due to its proximity to the nearby university campus the Josefstadt is a student district with a number of student hostels and this fact was reflected in the user profile of the old library. The new location and the direct Underground connection brings the Main Library closer to all districts of Vienna, both as regards peoples' mental plan of the city as well as in terms of the length of time taken to reach it. For this reason it attracts more users from older sectors of the population than its predecessor. At the same time the number of young people between the ages of fourteen and eighteen using the library has increased markedly, the younger public is clearly dominant in terms of "on-site" use. Here the surrounding population, the growing second and third generation of descendants of immigrant labourers, has taken in dramatic numbers to using the facilities of the Main Library, much to the surprise of many social and youth workers. These young people like the building, are particularly fascinated by the possibilities of using multi-media offered there and enjoy the wide range of audiovisual media that can be borrowed.*

*In terms of expenditure the 1.6 million items borrowed to date (on average over 6,000 daily) as well as the number of returns represent a major logistical*

Medien werden jährlich an der Relaisstelle der Ring-
leihe bearbeitet und weiter geschickt. 25.000 bis
30.000 Bücher und Medien kommen jährlich neu in
den Bestand der Hauptbücherei. Das Verwaltungs-
zentrum für das ganze Netzwerk der Büchereien
Wien sowie der Hauptbücherei ist innerhalb der
architektonischen Vorgaben des Neubau organi-
satorisch komplett restrukturiert worden und gilt
mitsamt ihrer technologischen Ausstattung (RFID-
Selbstverbuchung, Buchtransportanlage) in der Fach-
szene als eine der schlanksten und schnellsten
Administrationen innerhalb der deutschsprachigen
Großstadtbibliotheken. Mit der College-Struktur ist
sie zugleich partizipativ ausgelegt.

Erfreulich in der Bilanz ist seit der Eröffnung der
Hauptbücherei auch die Entwicklung im Zweigstellen-
netz. Das Flaggschiff mit seiner enormen Außen-
wirkung hat auch die Jahresbilanzen in den Filialen
nach oben gedrückt: Die Entlehnungen sind um 15
Prozent gestiegen. Die Wiener haben entdeckt, über
welch ausgezeichnetes Netz sie mit der Hauptbücherei und den dezentralen Büchereien in den
Bezirken verfügen. Sie können von Zuhause aus per
Internet auf 1,7 Millionen Bücher und Medien
zugreifen und vorbestellen. Ausleihe und Rückgabe
müssen nicht in der gleichen Zweigstelle stattfinden.
Der Ringleihverkehr macht es möglich. Nicht nur die
Wiener auf der Suche nach der „richtigen Bibliothek", sondern auch die Bücher und Medien in der
Stadt sind mobiler geworden.

challenge. Around 500,000 media are handled annu-
ally and moved around between the various branch
libraries in a circuit lending system. Between 25,000
and 30,000 new books and media are added yearly
to the existing stock of the Main Library. The administration system for the entire network of the Vienna
public libraries as well as for the Main Library has
been completely restructured and reorganised with-
in the architectural constraints of the new building.
Together with the technical equipment (RFID self-
booking system, book transport system) it is regarded as one of the most speedy and efficiently sized
administrations in major libraries throughout German-
speaking Europe. In addition the layout invites and
facilitates participation, thanks to the "college" structure.

Since the opening of the new Main Library the
balance in terms of the development of the branch
library network has also been positive. Thanks to its
enormous external effect the flagship has also raised
the numbers of yearly visitors to the various other
branches. Borrowings have increased by 15 per cent.
The Viennese have discovered what an excellent
network they have in the Main Library and the
decentralised branch libraries in the various districts
of the city. The public can search for and order in
advance 1.7 million books and media from at home
through the Internet. Books borrowed from one
library can be returned to another – the circuit borrowing system referred to above makes this possible. Not only the Viennese in search of the "right
library" but also the books and the media in the city
have become considerably more mobile.

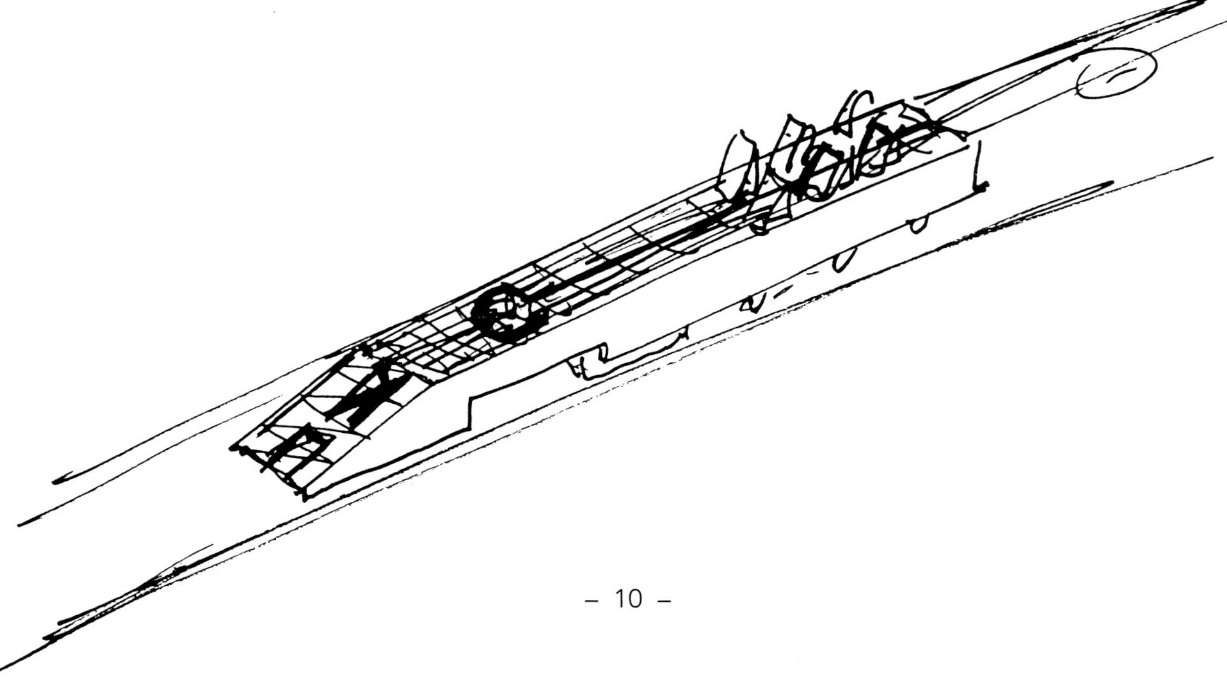

# DIE FÜNFTE ANSICHT
## *THE FIFTH ELEVATION*

ERNST MAYR

Die Planung eines öffentlichen Gebäudes in dieser besonderen Lage war eine große Herausforderung und Freude. Die Idee der großen Freitreppe, abgeleitet vom Thema der Casa Malaparte auf Capri, entstand bereits bei den ersten Entwurfsskizzen des Wettbewerbes. Es sollte an diesem Platz größtmögliche Öffentlichkeit entstehen und dies sollte erzielt werden durch den Übergang von Straßenraum und Gebäude ineinander mit der Idee des Weges vom Platz über die Treppe auf eine große Terrasse.

Eine Besonderheit ist der Bauplatz des Hauses, eine 70m breite Straßenzone, in deren Mitte der Einschnitt der U-Bahngleise verläuft, die an dieser Stelle wieder ins Freie treten. Am nördlichen Ende steht die denkmalgeschützte Stadtbahnstation „Burggasse" von Otto Wagner deren Perrons bis in den Bauplatz reichen.

Die Wiener Gürtelstraße entstand aus dem Linienwall, der „Stadtmauer" des 18. Jhs., sie bildete eine Grenzzone, die später durch das Projekt der Stadtbahn von Otto Wagner neu interpretiert wurde. Sie wurde ein besonderer öffentlicher Freiraum.

Die besondere Lage des Gebäudes in der Achse des Gürtels zwischen der Stadtbahnstation Otto Wagners mit seinen Bahnsteiganlagen und dem Urban-Loritz-Platz mit dem neuen Membrandach macht einen Baukörper mit eigenständiger Form und konstruktiver Kraft notwendig, der auf diese Einflüsse reagiert. Deshalb ist Monumentalität aber auch Wiedererkennbarkeit für ein öffentliches Gebäude in dieser Lage ein wichtiges Motiv. Damit der Baukörper eine solche Skulptur wird, ein Haus ohne „Fassaden", bleibt er introvertiert und sehr geschlossen, mit wenigen plastischen Elementen und Öffnungen versehen. Besonders wichtig ist die Dachlandschaft als 5. Ansicht des Gebäudes, die den von ihm besetzten Freiraum an die Benutzer zurückgibt.

Vom Urban-Loritz-Platz aus wird der Beginn des Baus prägnant interpretiert, dies geschieht in Form

*Designing a public building in this special location was both a considerable challenge and a joy. The idea of the major outdoor staircase, derived from the Casa Malaparte on Capri, arose during the first design sketches for the competition. The aim was to achieve a maximum of public openness at this place by effecting a transition from the street space to the building based on the idea of a route leading from the square via the staircase to a large terrace.*

*The location of the building is a particular feature of the design: it stands in a street zone 70 metres wide, an Underground railway line runs in a cutting along the centre, emerging at this point from a tunnel into the open. At the northern end is Burggasse Stadtbahn station, a listed building that was designed by Otto Wagner. The platforms of this Underground station extend into the building site. The Vienna Gürtel ring-road was built along the line of the 18th century Linienwall (ramparts), it forms a boundary that was later re-interpreted by Wagner in his design for the Stadtbahn urban railway system and consequently developed into an outdoor public space of a particular kind.*

*The special location of the building along the Gürtel axis – between Otto Wagner's train station and its platforms and the public open space of Urban-Loritz-Platz with its new membrane roofs – made it necessary to create a building with an independent form and a constructive strength that reacts to both these influences. Therefore both the building's monumentality and its recognizability at this location are important motifs. To help the building become a sculpture, a building without "façades", it remains introverted and extremely closed, with just a few sculptural elements and openings. The roofscape, as the fifth façade of the building, assumes a particular importance in this context as it gives the space occupied by the building back to the citizens in the form of an outdoor room.*

einer Treppenanlage, die sich von hier aus gleichmäßig über alle Geschoße entwickelt. Das neu gebaute Membrandach am Urban-Loritz-Platz (Architektin Silja Tillner) wird verlängert und in das Projekt einbezogen. Die Freitreppe stellt den Kontakt zur Stadt her, sie dient an dieser belebten Stelle als Wandel-, Kommunikations- und Sitzbereich. Am Ende der Treppenanlage befindet sich jene großzügige Dachlandschaft, die als Ort zum Lesen im Freien, für Ausstellungen und Veranstaltungen dient. Der öffentliche Raum unter dem Membrandach findet damit seine logische architektonische Weiterführung.

An der oberen Kante der Treppe ist ein gläsernes Café mit spannender Aussicht situiert. Der Bibliotheksbau erstreckt sich dahinter axial über den Bahnsteigbereich in Richtung historischer Stadtbahnstation und nimmt mit seiner Höhe den Maßstab der Umgebung auf. Das Gebäude ist in diesem Bereich aufgeständert, was Blickbeziehungen im Straßenraum des Gürtels und von den Bahnsteigen ermöglicht. In der Längsachse stellen Lichthöfe eine Beziehung zwischen den Zügen, Bibliothekszonen und Terrasse her.

Das von der Eröffnung des Gebäudes an, Menschen die Freitreppe beleben, über die Terrasse spazieren und das in einer Klimazone, die man nicht als typisch mediterran bezeichnen kann und das Haus wirklich in Besitz genommen haben, ist für den Planer sicher eine große Freude und Bestätigung der Entwurfsidee. Noch wichtiger ist jedoch, dass die Strategie des Entwurfes darauf abzielte durch die Weckung der Neugier auf das Innere die Schwellenangst abzumindern, sodass die Bücherei heute vor Besuchern überquillt.

Von zentraler Bedeutung für die Funktion des Gebäudes ist die gemeinsame Eingangshalle von Bibliothek und U-Bahn. Dank ihrer Doppelfunktion wird sie stetig von Menschenströmen belebt. Über Rolltreppen erreicht der Besucher von hier aus direkt und bequem die zweigeschossige Freihandbibliothek mit 300.000 Medien. Sie gliedert sich in Themencolleges, Kinder- und Musikbibliothek und kann von der zentralen Verwaltung im 1. Obergeschoß auf kurzem Weg versorgt werden.

Das im Gebäude verwendete Rastermaß ist vom Stadtbahnbauwerk Otto Wagners abgeleitet (4,05m) und verbindet das Alte mit dem Neuen. Die Außenhaut ist in Terracotta ausgeführt. Vorbild dazu ist das Gebäude der Wiener Börse von Theophil Hansen, welches prominent an der Ringstraße gelegen, eines der schönsten Beispiele einer in Wien spärlich vorhandenen Tradition darstellt. Neben gestalterischen Gründen ist wegen der exponierten Lage des Hauses und für den Lärmschutz die Fassade möglichst geschlossen gehalten. Die natürliche Belichtung übernehmen plastisch gestaltete Erker, Lichtfänger am Dach und die gläserne Zäsur in der Längsachse, die für den Besucher vielfältige, kontemplative Räume entstehen lassen.

Das Innere der Bibliothek ist eine räumliche Erlebnislandschaft, es gibt dreigeschossige Bereiche, wie bei der Eingangszone, wo durch seitliche Lichtfänger indirektes Tageslicht in die Halle dringt. Die Erkerelemente entlang der Längsseiten sowie die gläserne Zäsur in der Mitte schaffen Orientierung und Rhythmus. Das Bild der Räume und Durchblicke ist möglichst vielfältig und erzielt im Zusammenspiel mit der Möblierung vielfältige Raumeindrücke. Eine zweigeschossige, vollständig verglaste Lesezone bietet an der Nordseite eine schöne Aussicht auf Kahlenberg und Stadtbahn.

Durch die Materialwahl und Textur entsteht Behaglichkeit, um das Verweilen möglichst angenehm zu machen. „Raue Schale – weicher Kern" war der Grundgedanke, die Keramikhaut außen das Tweedsakko, die Holztäfelung innen das feine Futter.

Die „Büchertreppe" am Gürtel steht für urbane Lebensqualität. Ihr prägnanter Baukörper ist ein neuer Orientierungspunkt im Stadtgewebe von Wien. Das schönste für einen Architekten ist es, wenn „sein" Gebäude lebt, es angenommen und benützt wird.

*goes on inside the building and thus reducing inhibitions about crossing the threshold: the outcome is that the library today is overflowing with visitors.*

*The shared entrance hall to the library and the Underground railway station at Urban-Loritz-Platz has a central importance for the functioning of the building. Thanks to its dual function it is constantly animated by streams of people. The visitor can reach the two-storey open-shelf library with its 300,000 media comfortably and easily by escalator. The library is subdivided into various theme "colleges", a children's and a music library and can be serviced directly from the central administration at first floor level.*

*The grid used throughout the building is derived from Otto Wagner's Stadtbahn buildings (4.05 metres) and thus forms a link between old and new. The external skin is made of terracotta. The model here was Theophil Hansen's Vienna Stock Exchange building that stands in a prominent position on the Ringstrasse and is one of the finest examples of a tradition only rarely encountered in Vienna. In addition to design reasons, the facade of the library is kept as closed as possible to protect against the noise resulting from the building's exposed situation. Natural light enters through sculpturally designed bay windows. Rooflights and the glazed caesura on the long axis create varied, contemplative spaces for the users.*

*The interior of the library is a spatial experience: there are three-storey areas such as the entrance zone where daylight enters the hall indirectly from the sides. The bay window elements arranged on the long sides of the building, as well as the glazed caesura along the centre, create a rhythm that makes orientation easier. The images of the spaces and the views through the building are as varied as possible and in collaboration with the furnishings create different spatial effects and impressions. A two-storey, completely glazed reading zone at the north end offers a fine view of Kahlenberg and the Stadtbahn.*

*The choice of materials and textures create a feeling of comfort that makes the library a pleasant space to spend time. "A rough exterior with a soft core" was the basic idea; the ceramic external skin is the coarse tweed jacket, the wooden panelling the fine internal lining.*

*The "book staircase" on the Gürtel stands for an urban quality of life. This striking building is a landmark in the urban mesh of Vienna. The best possible feeling for an architect is to know that "his" building lives, is accepted and used.*

Die Freitreppe /
*The outdoor staircase*

# URBANE LEBENSQUALITÄT
## Wiens neue Hauptbücherei von Ernst Mayr

# *AN URBAN QUALITY OF LIFE*
## *Vienna's New Main City Library by Ernst Mayr*

M ATTHIAS   B OECKL

Kulturfunktionen spielen im derzeit international forcierten Kernstadtumbau die Schlüsselrolle. Kulturbauten entstehen als Bauaufgaben von öffentlichem Interesse fast immer mit maßgeblicher Finanzierung der öffentlichen Verwaltung (positiver Nebeneffekt: man muss für derartige Bauten nicht erst lange auf Investorensuche gehen), sie werden idealerweise von allen Bevölkerungsschichten genutzt und bringen daher auch eine Grundfrequentation engagierter Bürger ins Planungsgebiet und – last but not least – ihre Gestaltung genießt überregional hohe Aufmerksamkeit als Symbol des Selbstverständnisses einer Stadt. Aus all diesen Gründen werden von den Administrationen vieler europäischer und amerikanischer Städte Kulturbauten als Zugpferde für die Sanierung heruntergekommener Stadtbezirke errichtet oder initiiert. Sie sollen als entscheidender Motor der Aufwertung solcher meist durch intensive Suburbanisierung entstandenen Problemzonen fungieren – gemeinsam mit anderen zentralen Instrumenten wie dem Wohnbau oder Sportanlagen ist der Erfolg eines derartigen grundlegenden Stadtumbaus, der im Schneeballeffekt auch wieder neue Investoren anlockt, fast schon garantiert. Wien ist hier nicht anders – ähnlich wie etwa Seattle, wo die neue Bibliothek von Rem Koolhaas jüngst eröffnet wurde, oder Frankreich, wo die vielen vom Staat finanzierten „Mediatheken" im ganzen Land mit ihrem neuen, publikumsfreundlichen Programm verschiedenster Medien große Erfolge erzielen, wollte auch die Wiener Stadtverwaltung mit der Platzierung der neuen Leihbibliothek im Problemgebiet des herabgekommenen Gründerzeitquartiers entlang des hochrangigen Verkehrswegs Gürtel den positiven Doppeleffekt einer Raum- und Angebotserweiterung sowie der Stadtsanierung lukrieren.

*In the process of converting the old city cores that is currently being carried out worldwide, cultural functions tend to play a key role. Cultural buildings generally arise as construction commissions in the public interest and almost always with significant financing by the public administration (a pleasant side-effect is that investors do not have to be found for these buildings). Ideally, they are used by all sectors of the population and therefore establish a basic frequency of involved citizens in the planning area and – last but not least – their design attracts a considerable amount of attention outside the immediate region as a symbol of a city's image of itself. For all these reasons culture buildings are erected or initiated by the administrations of many American and European cities as a kind of drawing card in the refurbishment of run-down city districts. They are intended to function as a decisive motor in improving those problem zones that have generally developed as a result of intensive suburbanisation. Together with other central instruments, such as the construction of housing or sports facilities, the success of such fundamental urban conversions, which attract new investors through a kind of snowball effect, is almost always guaranteed. Vienna is no different in this respect: like Seattle, where the new library by Rem Koolhaas was opened recently, or France, where the many "mediatheques" financed by the state have achieved great success throughout the country with their new, public-friendly programme offering many different kinds of media, the municipal administration of Vienna also wanted to achieve the double effect of expanding space and amenities and at the same time carrying out urban refurbishment by locating the new main lending library in the problem area of a decaying 19th century district flanking the busy Gürtel ring-road.*

**Problemzone Gürtel**

Und Wien ist doch wieder anders – denn mangels verfügbaren Baugrundes musste man – was allerdings wieder der Architektur zugute kam – auf städtisches Territorium zurückgreifen, das sich in Form einer alten U-Bahnlinie in offener Trassenführung anbot. Dieser zwischen zwei breiten Fahrbahnen liegende Graben existiert seit über hundert Jahren und wurde ursprünglich für die Stadtbahn angelegt, deren berühmte Stationsgebäude von Otto Wagner einst den Beginn der Moderne in Wien angezeigt und nur mit Mühe die Kahlschläge der Wiederaufbauzeit nach 1945 überlebt hatten. Und die Geschichte des Verkehrsweges selbst reicht sogar zurück bis zu den Türkenkriegen, als deren bauliche Folge um 1700 der sogenannte „Linienwall" als äußerster Befestigungsring der Stadt angelegt wurde. Mit dem gewaltigen Wachstumsschub in der zweiten Hälfte des 19. Jahrhunderts, als hunderttausende Zuwanderer aus allen Teilen des großen Habsburgerreichs in die Hauptstadt strömten, wurde er zur Straße und Grenze zwischen den inneren und den äußeren Stadtbezirken, von denen die letzteren in kürzester Zeit flächen-

*The Vienna Gürtel – a problem zone*

*And yet in some ways Vienna is different because, due to the shortage of available building sites resort had to be made to territory owned by the city, (although this did eventually benefit the architecture), which was available in the form of an existing Underground line running in an open cutting. This cutting lies between the two broad carriageways of the Gürtel and has existed for a hundred years. It was originally laid out for the Stadtbahn (urban railway), whose famous station buildings by Otto Wagner once heralded the dawn of modernism in Vienna and survived only with difficulty the threat of mass demolition in the reconstruction period after 1945. The history of the traffic artery itself even dates back as far as the wars against the Turks, one of the consequences of which was the erection of the so-called Linienwall around 1700 as the city's outermost defensive ring. With the immense growth in population in the second half of the 19th century, when hundreds of thousands of immigrants from all areas of the large Hapsburg Empire streamed into the city, this ring became a street and a boundary between the inner and outer*

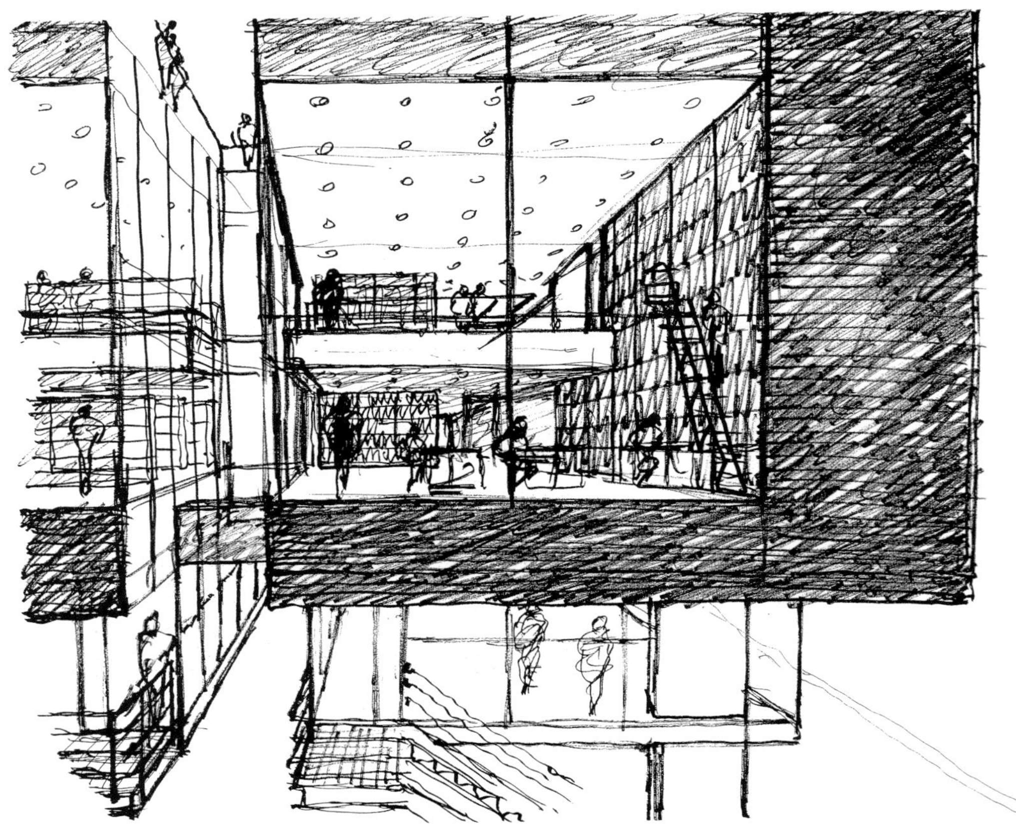

deckend auf Rasterplan als Spekulationsobjekte in typischer Gründerzeitmanier hochgezogen wurden. Das entsprechend niedrige Ausstattungsniveau der Häuser, die exponentiell ansteigende immense Verkehrsbelastung der sechsspurigen Gürtelstraße, die Abwanderung der ursprünglichen Bevölkerung, der damit verbundene weitere Qualitätsverlust der Bausubstanz sowie die Bildung von neuen Immigrantenghettos und Rotlichtbezirken haben seither eine Abwärtsspirale der lokalen Lebensqualität in Gang gesetzt, der man nun seit 1996 mithilfe des EU-gestützten Projekts „Urban Wien Gürtel Plus" gegensteuert. Ein wichtiger Teil davon ist die Neubelebung der sogenannten „Stadtbahnbögen" – wegen der welligen Topographie wurde die möglichst ebene Stadtbahntrasse an einigen Stellen unterirdisch oder in offenen Gräben, an anderen in Hochlage über große Ziegelbögen geführt – mit einer Vielzahl neuer Cafés, Ateliers und Veranstaltungsstätten auf einem Teil der viereinhalb Kilometer langen Westgürtelstrecke bereits gelungen. Andere Teile des Gürtels wie etwa das Gebiet um die Stadthalle verlangen nach anderen Maßnahmen und die Positionierung des Neubaus der städtischen Leihbibliothek über dem offenen Stadtbahngraben zwischen der Station Burggasse und dem Urban-Loritz-Platz, einer großen, von einem Membrandach überdeckten Fußgängerfläche für den öffentlichen Verkehr, erwies sich in Verbindung mit dem Verkehrsknoten (eine U-Bahn- sowie mehrere Straßenbahn- und Autobuslinien) und der nahen Stadthalle städtebaulich als überaus sinnvoll. Die damit angestrebte städtebauliche Verknüpfung von Innen- und Außenbezirken beidseits der gravierenden Gürtel-Zäsur sollte auch architektonisch bewältigt werden. Eine vorher diskutierte Bebauung dieser Zone des Gürtel-Mittelstreifens mit einer Erweiterung eines angrenzenden Einkaufszentrums oder auch die angedachte Ansiedlung der Leihbibliothek im Museumsquartier konnten hingegen nicht überzeugen.

## Die Stadt im Gebäude

Der auf die Standortentscheidung folgende EU-weite, zweistufige baukünstlerische Wettbewerb brachte es auf immerhin 121 Einreichungen und wurde im Januar 1999 mit der Kür des Projekts von Ernst Mayr abgeschlossen, der sich vorher vor allem als Partner von Wilhelm Holzbauer beim Biozentrum der Johann-

*urban districts. The latter were speculative objects laid out as rapidly as possible on a grid in a typical late 19th century manner. The low standard of the buildings in terms of services, the exponentially increasing volume of traffic on the six-lane Gürtel ring-road, the migration of the original population out of the district and the ensuing deterioration of the building substance as well as the formation of new immigrant ghettos and red-light districts started a downward spiral in the local quality of life, which has been combated since 1996 with the help of the EU-supported project "Urban Wien Gürtel Plus". An important aspect of this project is the revival of the so-called "Stadtbahnbögen" (city railway arches). To achieve as level a route as possible for the railway at places the line runs underground or in open cuttings whereas at others it is carried above street level on large brick arches, in response to the undulating nature of the terrain. Along part of the four-and-a-half kilometre Westgürtel these arches have been recently filled with a variety of new cafés, studios and event spaces. Other areas of the Gürtel, such as the section near the Stadthalle, require different measures. The locating of the new building for the main city lending library above the open railway cutting between the stations Burggasse and Urban-Loritz-Platz (a large pedestrian space for public transport access sheltered under a membrane roof) and the connection with the transport junction (an Underground line as well as several tram lines and bus routes) and the nearby Stadthalle turned out to be a highly intelligent move in terms of urban planning. The aim was to use architecture to create an urban link between the inner and outer districts of the city on either side of the major caesura formed by the Gürtel. In contrast to this design other proposals such as that for extending a nearby shopping centre by building above the centre strip of the Gürtel or for locating the new lending library in the Museumsquartier were never convincing.*

## *The city in the building*

*The two-phase architecture competition open to applicants from throughout the EU that followed the decision on the location attracted 121 entries and was concluded in January 1999 with the selection of the design by Ernst Mayr, who had previously made a name for himself principally as the partner of Wilhelm*

Wolfgang-Goethe-Universität in Frankfurt/Main einen Namen gemacht und schon als Diplomarbeitsthema einen Bibliotheksbau am Wiener Ring entworfen hatte. Die Jury lobte Mayrs „originären Gebäudetyp", die „Freihaltung des Erdgeschoßes (Querbeziehung im Straßenraum Gürtel) des Bauortes, insbesondere die Haltung gegenüber der Architektur Otto Wagners" sowie „wirtschaftliche Werte im Betrieb und in der Erhaltung". Die zentralen Entwurfsideen des Projekts von Ernst Mayr sind die städtebaulichen Bezüge, die im Gebäudeinneren und -äußeren erlebbar gemacht werden und die angemessene Reaktion auf die neuen Bedürfnisse einer großen Freihandbibliothek mit mehreren Spezialsammlungen und -abteilungen. Seine langjährige Erfahrung mit Wilhelm Holzbauers großen Gesten, die längere Zeit große öffentliche Bauten in Österreich wesentlich mitgeprägt hatten, trugen zweifellos zur Sicherheit und zum Selbstbewußtsein bei, mit dem Mayr die Großform des Bibliotheksbaus entwickelte. Sie ist aus der ungewöhnlichen städtebaulichen Situation so entwickelt, dass einerseits der große, von Silja Tillner überdachte Platz im Süden in Form der markanten, gebäudehohen Freitreppe weiter- und ins Innere geführt wird, und dass andererseits an der Nordseite der Bibliothek der Bezug zur nahen Stadtbahnstation Otto Wagners klar formuliert sowie die U-Bahn im Graben unter dem Gebäude von innen sicht- und spürbar bleibt. Gerade

*Holzbauer in the design of the Biozentrum at the Johann-Wolfgang-Goethe University in Frankfurt/Main and who had designed a library building on the Ringstrasse in Vienna for his degree thesis. The jury praised Mayr's "original building type" the way he "kept the ground floor of the site open (allowing transverse relationships in the street space of the Gürtel) and, in particular, the approach to the architecture of Otto Wagner" as well as "economic considerations in terms of operation and maintenance". The central design ideas in Ernst Mayr's project are the urban references that he enables us to experience inside and outside the building and his well-judged response to the new requirements of a large open-shelf library with several special collections and departments. His many years of experience with the large scale gestures employed by Wilhelm Holzbauer, who over the years has been a major influence in the field of public buildings in Austria, no doubt contributed to the feeling of security and self-confidence with which Mayr tackled the major form of the library. It is derived from the unusual urban situation in such a way that, on the one hand, the large open space to the south that was roofed by Silja Tillner is continued by a striking external staircase rising the entire height of the library and brought inside the building, while on the other hand, on the north side of the library, the relationship to Otto Wagner's nearby Stadtbahn*

dieser Canyon, den viele andere Wettbewerbsteilnehmer durch eine simple Überplattung des U-Bahngrabens „gelöst" hatten, vermittelt in seiner urtümlichen urbanen Gewalt dem Bau einen definitiv großstädtischen Charakter. Andererseits führt er wegen der angestrebten Sichtbezüge auch zur vielfältigen Durchbrechung und Gliederung des immerhin 150 Meter langen, 26 Meter breiten und 55.000 Kubikmeter einschließenden Hauses. Die Lichthöfe über der U-Bahn sind drei Meter breit, der ganze Bau ökonomisch im Achsmass von 8,10 Meter gegliedert – dem doppelten Maß der Wandpfeiler des angrenzenden Wagnerschen Stationsbaus.

Die Haupterschließungen von der U-Bahn und dem Urban-Loritz-Platz her sind effizient und großzügig. Großzügig und spektakulär ist natürlich die mediterrane Freitreppe, die Mayr mit bemerkenswertem Geschick durch die komplexen Genehmigungsverfahren lotste und die sowohl die Bibliothek (auf der Ebene des zweiten Obergeschosses) als auch die Dachterrasse mit Café erschließt. Und effizient ist die unmittelbare Erreichbarkeit der Bibliothek aus dem darunterliegenden U-Bahn-Stationsgebäude, was ihrer Frequentation zugute kommt.


**Ein-und Ausblicke**

Die innenräumliche Entwicklung des Gebäudes ist gefühlvoll zwischen den Anforderungen des Bibliotheksbetriebs und den städtebaulichen Interessen des Architekten ausbalanciert. Die Betriebsanforderungen wurden unter anderem auch in einigen Studienreisen erarbeitet, die Mayr mit den Baubeauftragten des Hauses zu zahlreichen vergleichbaren Objekten in Dortmund, Frankfurt, Delft, Maastricht, Den Haag und Dresden unternommen hatte. Und die Städtebau-Ideen wurden an diese Erfahrungen angedockt. Konkret ergab das die Gliederung des Hauptvolumens der Bibliothek im zweiten und dritten Obergeschoß, wo auf 4.000 Quadratmetern praktisch die gesamte Sammlung aufgestellt und den Nutzern frei zugänglich ist, in mehrere Themenbereiche, denen jeweils eigene Abschnitte des sonst frei fließenden Innenraums zugeordnet und nach außen hin in Erkern fortgesetzt werden, die als ruhige Lesezonen mit spektakulären Ausblicken über Gürtelstraße und Stadtlandschaft hinweg den Kunden großartige Raumerlebnisse bieten. Diese schon für



*station is clearly formulated and the Underground line in its cutting under the building remains perceptible and visible from inside the library. It is precisely this "canyon" (which many other competition entries "solved" by simply building a slab over the cutting) that gives the building a definite metropolitan character through its primal urban force. On the other hand, due to the visual relationships strived for it also leads to a breaking up and articulation of the 150-metres-long, 26-metres-wide building that has a volume of 55,000 cubic metres. The light wells above the Underground line are three metres wide, the entire building is economically structured on a grid of 8.10 metres – twice the axial distance between the pilasters of Wagner's nearby station.*

*The main access from the Underground and from Urban-Loritz-Platz is both efficient and generously dimensioned. The Mediterranean outdoor staircase is equally generous and spectacular. Mayr navigated this feature, which accesses both the library (at second floor level) as well as the roof terrace with café, through the complex official approval process with admirable skill. The direct accessibility of the library from the Underground station below is efficient and helps increase the frequency of use.*


***Views inside and outside***

*The internal development of the building reflects a sensitive balance between the requirements of running a library and the architect's urban design concerns. The operational requirements were partly defined through a number of study trips, which Mayr made with those members of the library staff responsible for the project to comparable buildings in Dortmund, Frankfurt, Delft, Maastricht, Den Haag and Dresden. The urban ideas were then docked to the experience gained on these trips. In concrete terms the outcome of these visits was the articulation of the main volume of the building on the second and third floors (where practically the entire collection is presented on an area of 4,000 square metres openly accessible to users) into various thematic areas that are allotted sections of the flowing internal space and are continued outwards into bay windows forming peaceful reading zones with spectacular views across the Gürtel and the urban landscape and offering fantastic spatial experiences. These essentially valuable spatial*

sich wertvollen Raumrhythmen werden an den beiden Enden des Innenraums noch gesteigert, indem der vordere Zugangsbereich als zweigeschossige Halle mit hohen Fensterschlitzen und der gegenüberliegende, rückseitige Gebäudeabschluss mit Glaswänden in Form großzügiger Leselobbies formuliert wurde, die Ausblicke direkt über den U-Bahn-Graben, über die Otto-Wagner-Station und das angrenzende Stadtgebiet hinweg bis zu den Wiener Stadtbergen am Horizont ermöglichen. Kein Wunder, dass diese Leseplätze zu jeder Zeit des Bibliotheksbetriebs belegt sind. Die Innenausstattung ist auch deshalb ein stimmiges Ensemble, weil die Stadt Wien als Bauherr es Architekten immer wieder ermöglicht, selbst die Einrichtung zu entwerfen, was auch Mayr hier mit großer Hingabe tat.

Die entspannte Atmosphäre des Innenlebens – beim gegebenen Profilierungsdruck und den fordernden Rahmenbedingungen eine beachtliche Architektenleistung – setzt sich auf der Dachterrasse fort. Für Wiener Verhältnisse ist diese Terrasse eine echte Sensation, da derart großflächige Dachnutzungen auf öffentlichen Gebäuden bisher als undenkbar, unökonomisch und absolut unnötig galten. Vielleicht haben hier die Visionen begehbarer Gebäude aus den 1960er Jahren und der unverkrampftere, freudigere Umgang mit dem Stadtraum, der heute auch von der Stadtverwaltung gerne als Eventspace gesehen wird, ihre Wirkungen getan. Jedenfalls bieten das Rotundencafé – weithin als Attraktion sichtbar – und die dahinterliegende große Freifläche jede Möglichkeit für Freiluftaktivitäten, vom Sommerkino bis zum Partyfloor. Die dreieckigen Lichtschächte, die der Terrasse ihre charakteristische Gliederung verschaffen, sind gut proportioniert und dem gegebenen Großmaßstab durchaus angemessen.

Mit diesem vielfältig nutzbaren, städtebaulich anspruchsvoll gelösten und auch vom Publikumsinteresse sensationell angenommenen Gebäude hat sich die Stadt Wien ein Geschenk gemacht, das inzwischen internationale Reputation genießt. Ernst Mayr hat damit in Wien eine überzeugende Probe eines souveränen Umgangs mit einer großen und repräsentativen öffentlichen Bauaufgabe abgeliefert. Bibliothekare und Architekt, Leser und Stadtnomaden, Bezirk und Stadt haben sich so ein weiteres Stück großstädtischer Lebensqualität erarbeitet.

*rhythms are heightened at either end of the interior: the entrance area at the front is a two-storey hall with slit windows, while glass walls at the opposite end of the building create spacious reading lobbies offering direct views over the Underground cutting, Otto Wagner's station building and the adjoining district of the city to the distant hills of the Vienna Woods on the horizon. It comes as no surprise to learn that these reading areas are almost continuously occupied during the library's opening hours. The fittings of the interior form a harmonious ensemble partly because the City of Vienna as the client generally allows architects to design the fittings for their own buildings, which Mayr did here with great enthusiasm.*

*The relaxed atmosphere of the interior, which, given the pressure to make a mark and the demanding outline conditions represents a considerable architectural achievement, is continued on the roof terrace. In terms of what is available elsewhere in Vienna this terrace is a sensation! Such an extensive use of the roof of a public building was previously unimaginable and was regarded as uneconomic and entirely unnecessary. Perhaps the vision of accessible buildings from the 1960s and the unforced, more cheerful handling of urban space, which the municipal authorities nowadays also see as event space, have had an effect here. Whatever the case, the rotunda café – an attraction visible from a considerable distance – and the large area lying behind it offer all kinds of possibilities for outdoor activities, ranging from open-air summer cinema to a party dance floor. The triangular-shaped light wells that establish the characteristic articulation of the terrace are well proportioned and entirely appropriate to the large scale of the existing surroundings.*

*With this building, which is expertly resolved in urban terms, can be used in a variety of ways and has been accepted by the public to a sensational extent, the City of Vienna has given itself a present that has already acquired an international reputation. Ernst Mayr has delivered here a most convincing demonstration of the sovereign handling of a large and representative building project. Librarians and architect, readers and urban nomads, the local district and the city have delivered a further contribution to an urban quality of life.*

Luftaufnahme / *aerial photograph*

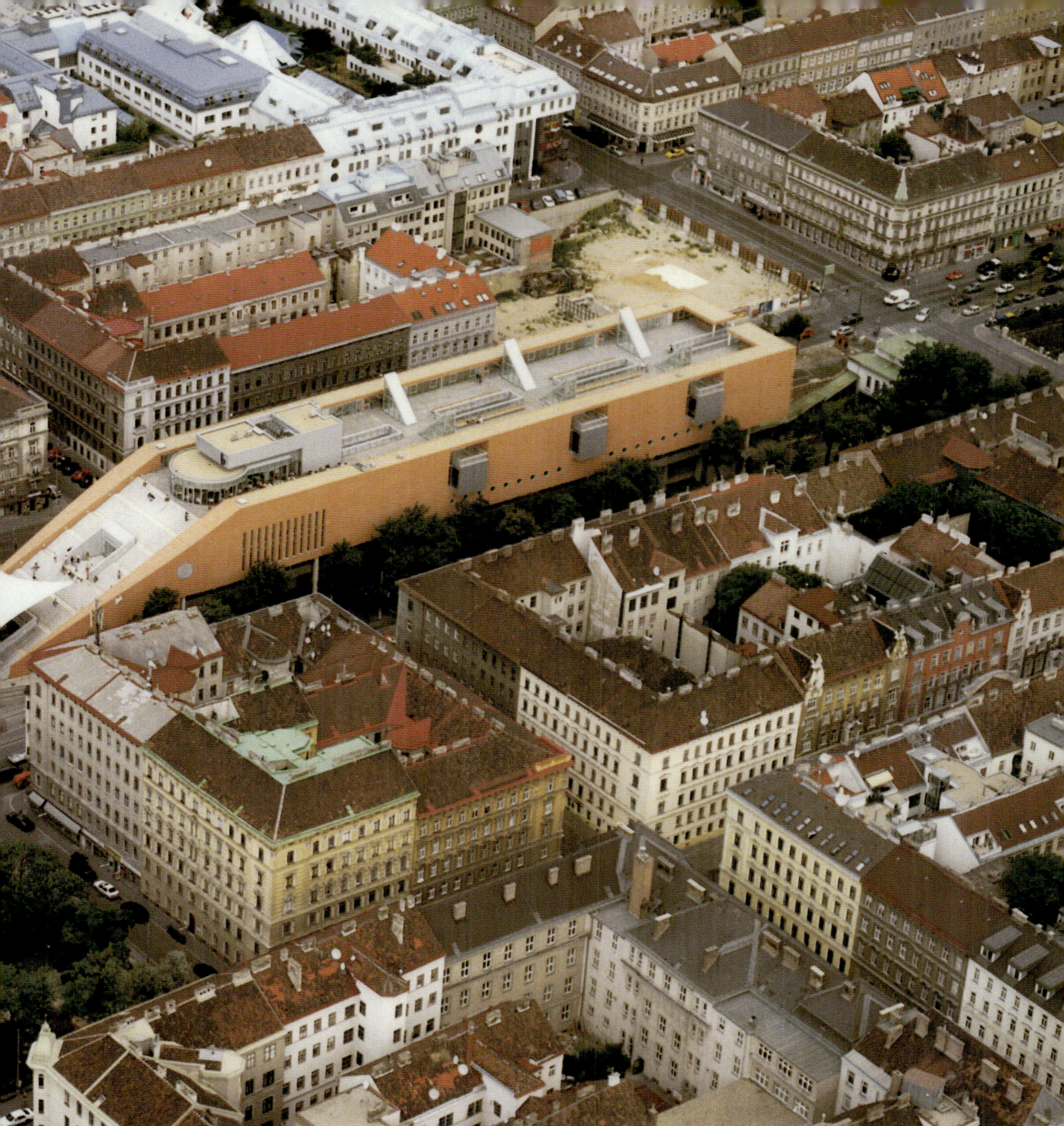

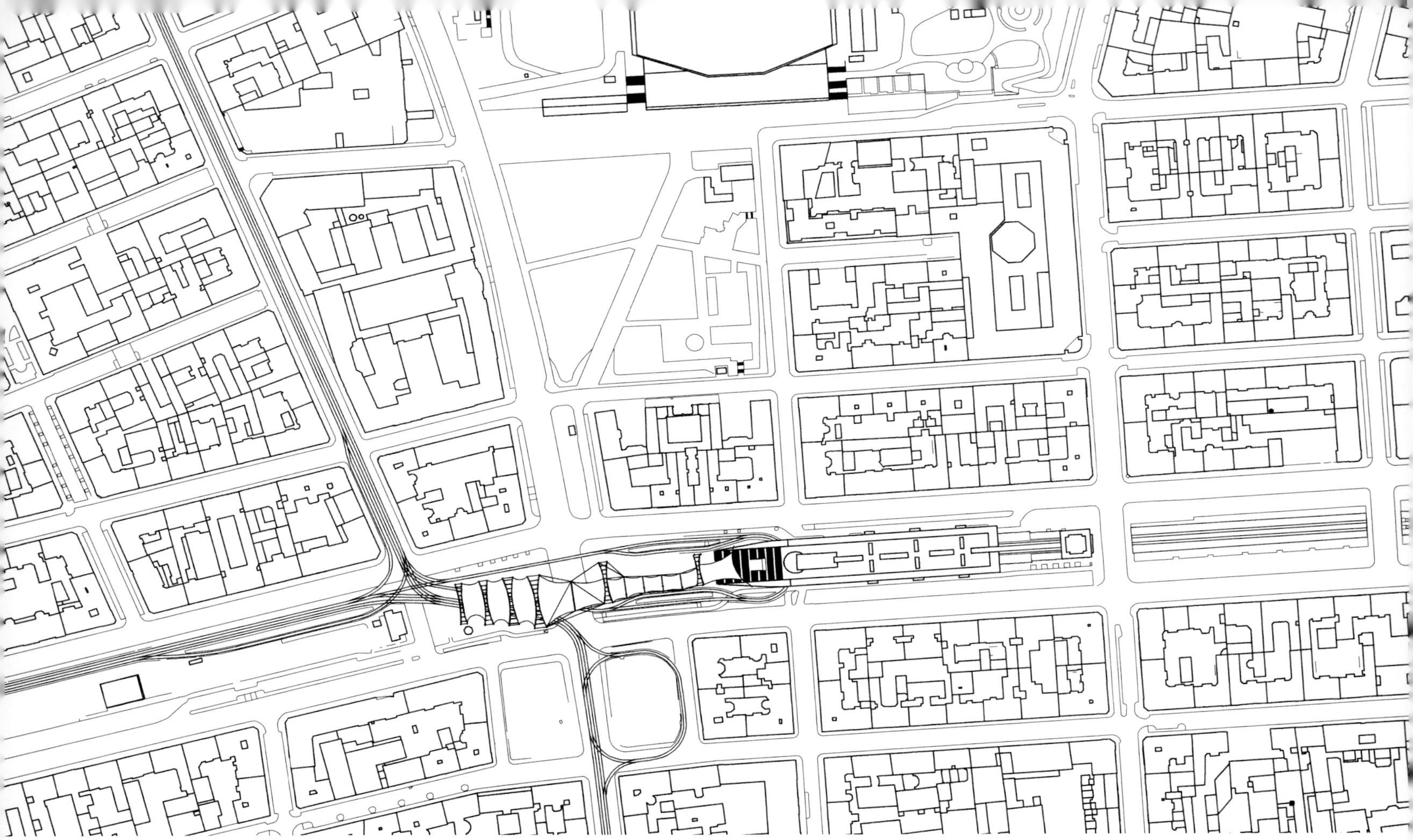

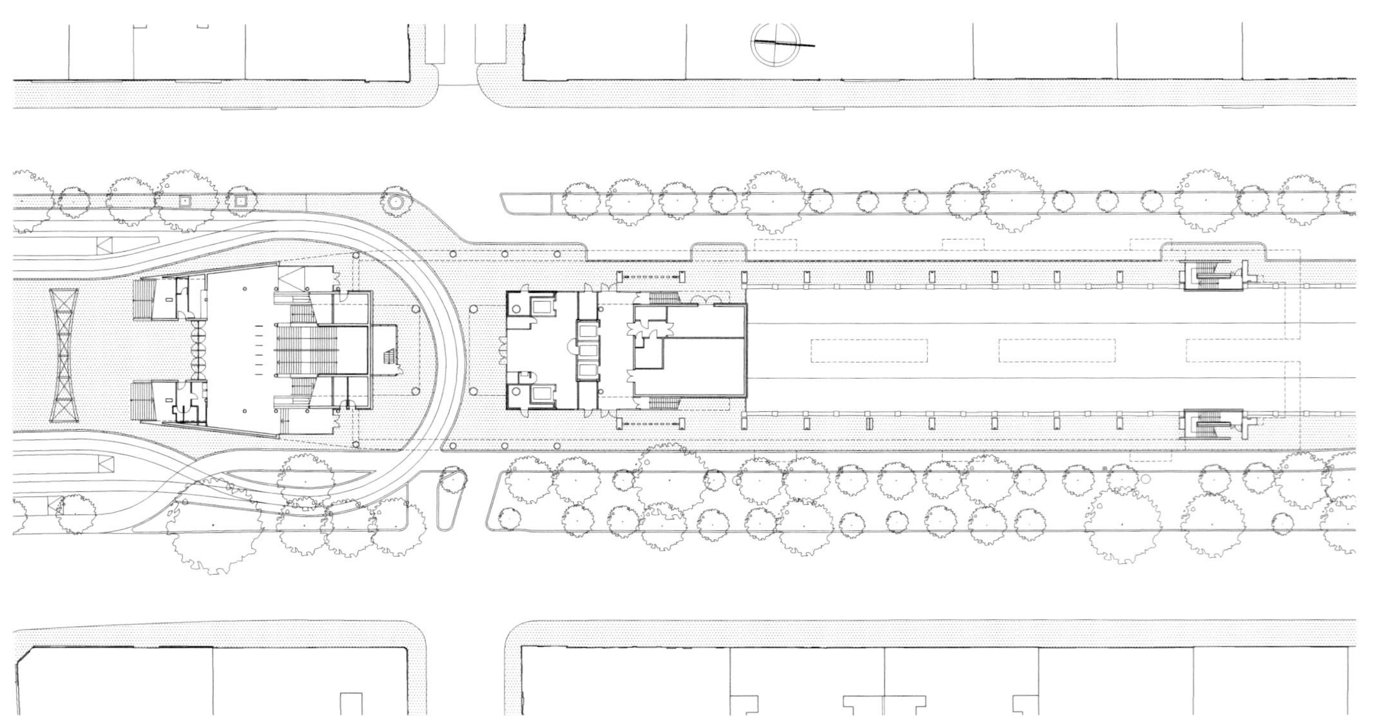

Lageplan / *Site plan*

Grundriss Erdgeschoß / *Ground floor plan*

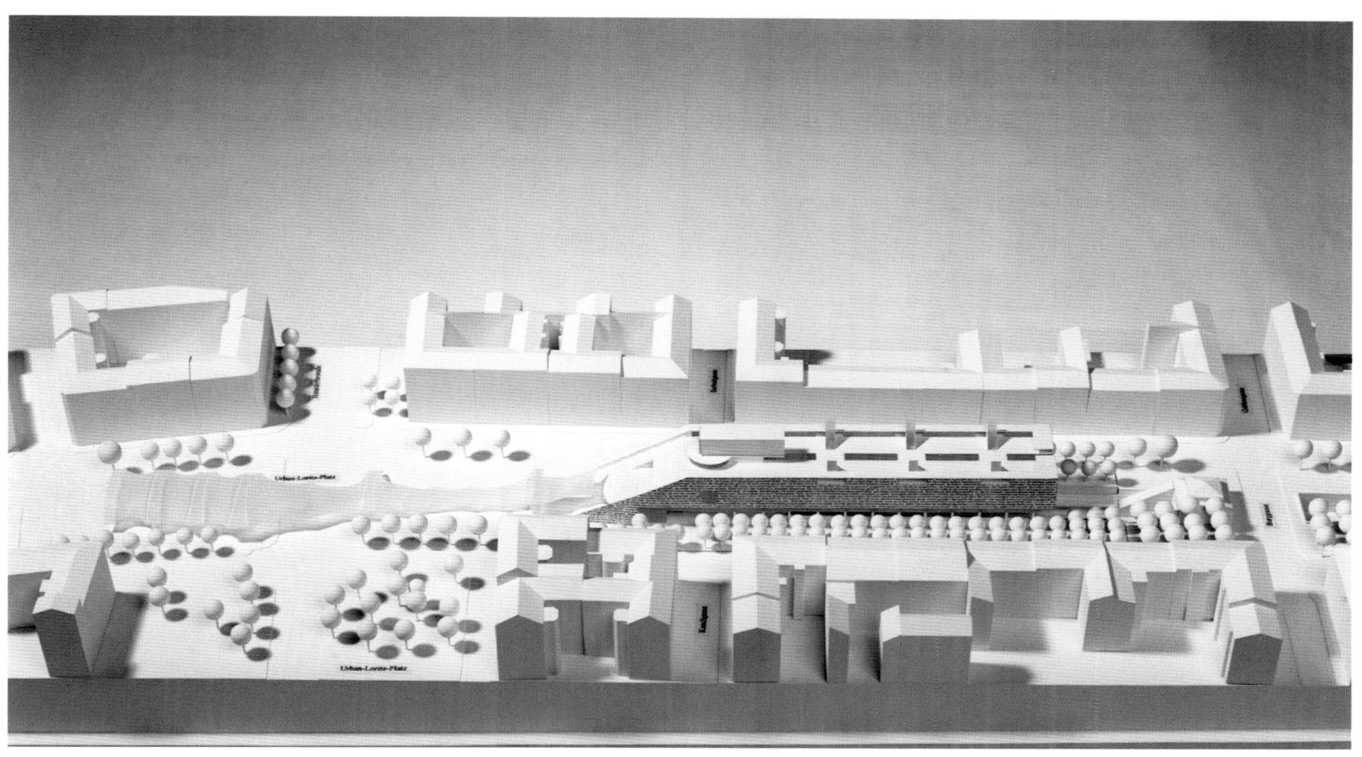

Modellfoto / *photograph of model*

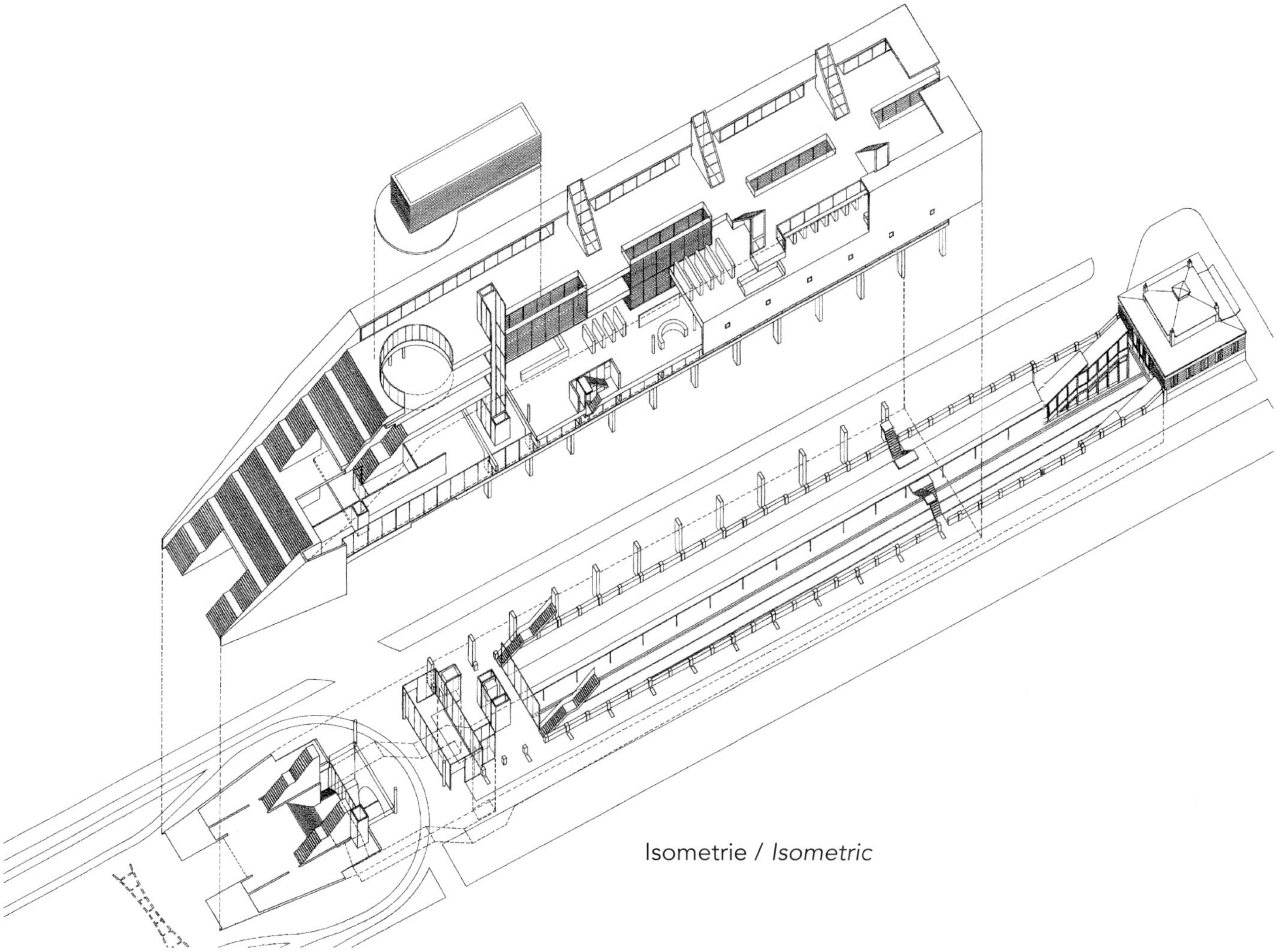

Isometrie / *Isometric*

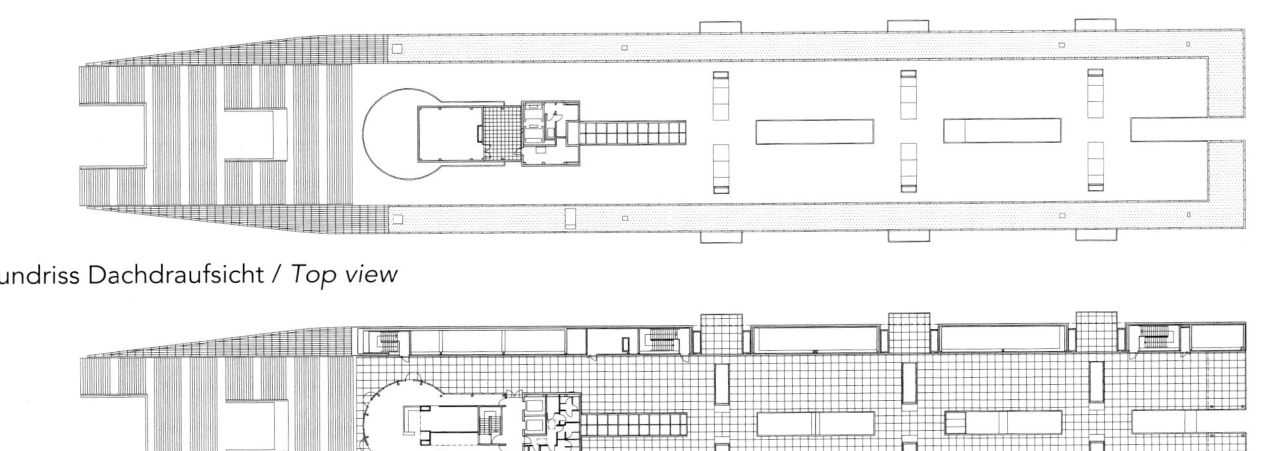

Grundriss Dachdraufsicht / *Top view*

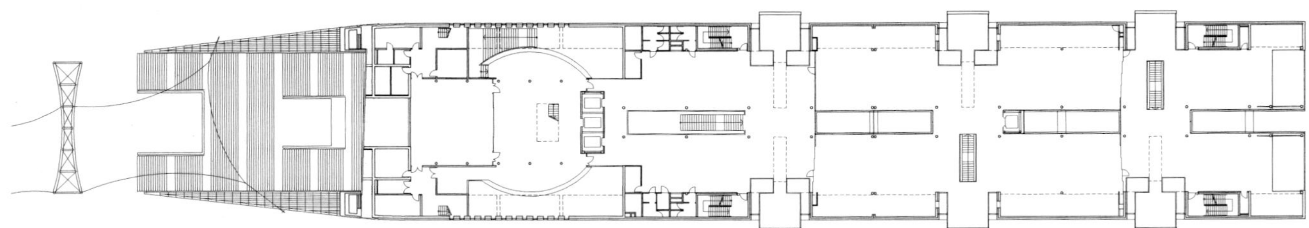

Grundriss Dachgeschoß / *Roof level*

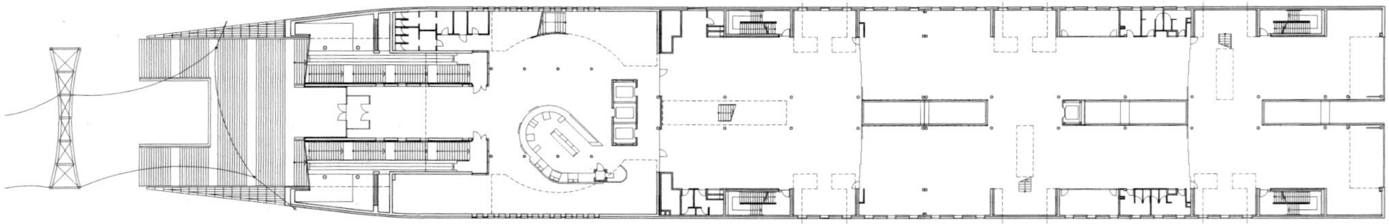

Grundriss 3. Obergeschoß / *3rd floor*

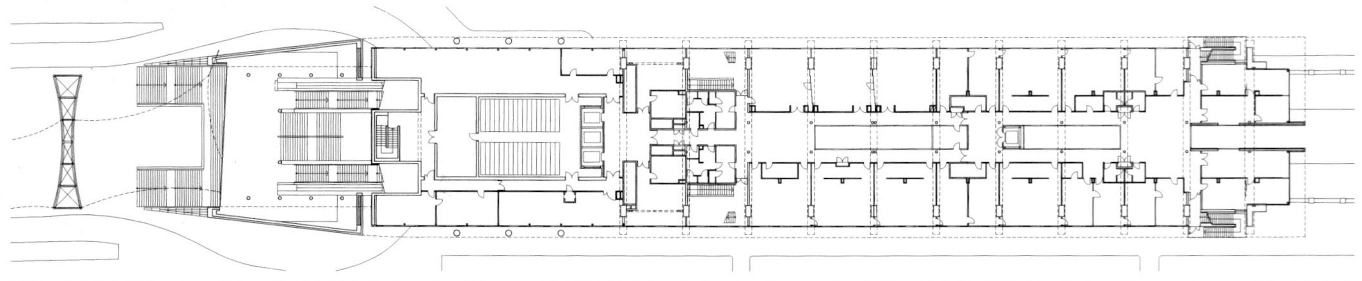

Grundriss 2. Obergeschoß / *2nd floor*

Grundriss 1. Obergeschoß / *1st floor*

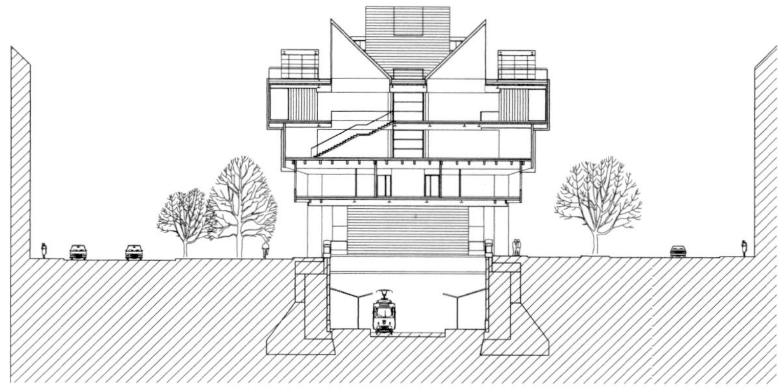

Querschnitt Erker / *Section through bay window*

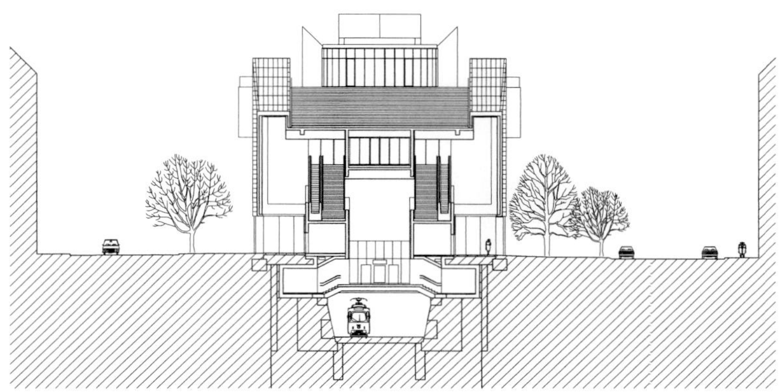

Querschnitt U-Bahn Halle / *Section through Underground entrance hall*

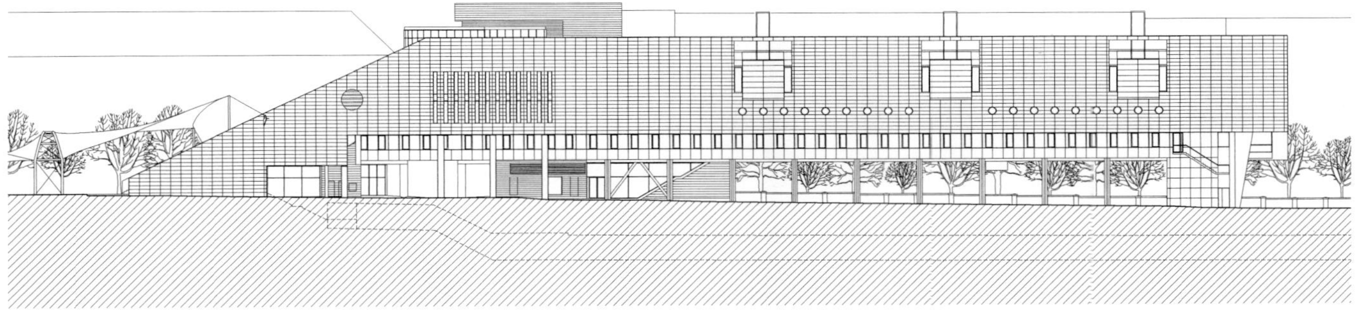

Ansicht Ost / *East elevation*

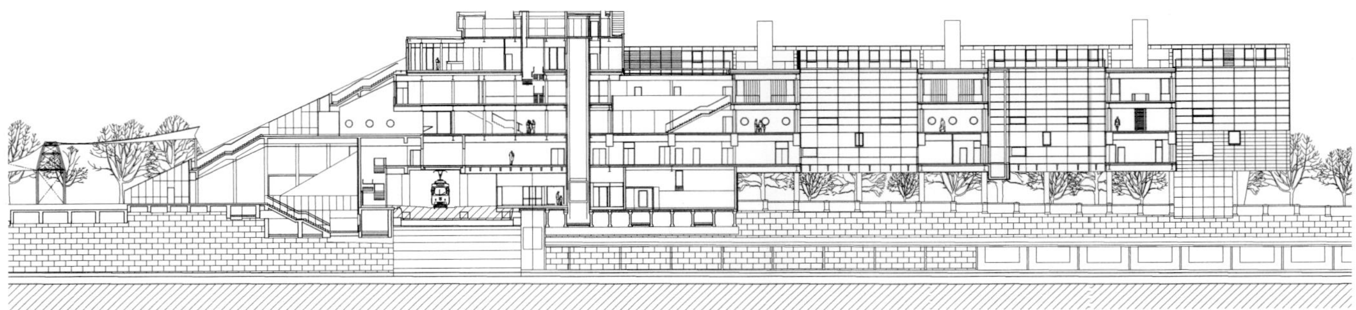

Längsschnitt Mitte / *Longitudinal section*

Das Gebäude von Südwesten / *The building seen from the south-west*

Die Wiener U... gehören zu Wien
wie die Schr...eln zum Heurigen.
1198
6

Westansicht im Bereich der Nebenfahrbahn / *West front, beside the traffic side lanes*

Blick von der Quergasse / *View from a side street*

Detail bei der Straßenbahndurchfahrt / *Detail where the tram drives under the building*

Die Reihung der Erkerelemente / *The arrangement of the bay windows*

Detailausschnitt der Terracottafassade / *Detail, part of the terracotta façade*

Die Nordansicht mit der U-Bahnstation / *The north front with the Underground station*

„Heckansicht" von Nordwesten / *View of the "stern" from the north-west*

Fassadendetail mit der Stadtbahnstation von Otto Wagner / *Detail of the façade with Otto Wagner's Stadtbahn station*

In der Gebäudeachse, Blick nach Norden / *Along the building axis, looking north*

Detail beim U-Bahneinschnitt / *Detail at the Underground railway cutting*

Die Tragstruktur des Gebäudes / *The load-bearing structure of the building*

Die Hauptseite des Gebäudes, Blick von Südosten / *The main front of the building looking from the south-east*

b.
JEANS
STRASSENBAHN
HALTESTELLE
z. Urban Loritz Platz
TIFFANY
221
Ende
SCHÜRZENJÄGER

Die Freitreppe, Detail / *Detail of the outdoor staircase*

Detail am Treppenrand / *Detail at the edge of the staircase*

Detail der Dachterrasse mit dem Café / *Detail of the roof terrace with the café*

Das Café als Signal beim Treppenaustritt / *The café as a signal at the top of the steps*

Die Oberlichtelemente im Detail / *Detail of the rooflights*

Seite 48: Die Dachterrasse, Blick nach Norden / *Page 48: the roof terrace looking north*

Die Dachterrasse bei Nacht / *The roof terrace at night*

Seite 51: Die Zäsur im Heckbereich mit dem Einschnitt der U-Bahn /
*page 51: The caesura at the "stern" with the Underground railway cutting*

Blick ins Innere bei Nacht / *Looking into the interior at night*

Das Café mit Blick auf die Stadt / *The café offers a view of the city*

Seite 54: Nächtlicher Einblick in die Bücherei / *Page 54: a look into the library at night*

Das Gebäude bei Nacht, Blick vom Urban-Loritz-Platz aus / *The building at night, looking from Urban-Loritz-Platz*

Der Haupteingang in der Gebäudeachse / *The main entrance on the building axis*

Ein-, Ausgang der Bücherei mit Rolltreppen / *Library entrance and exit, with escalators*

Eingangshalle mit U-Bahnabgang / *Entrance hall with the way down to the Underground*

Der Aufgang zur Kinderbücherei mit Oberlicht / *The stairs to the children's library with a rooflight*

Zeitungslesezone im Eingangsbereich / *Newspaper reading area in the entrance zone*

Detail der Infotheke / *Detail of the "infotheke"*

Innenraumdetail mit Holzverkleidung / *Detail of interior: wood panelling*

Die Freihandbereiche in Längsrichtung / *The open-shelf areas on the long axis*

Lesezone unter dem Erker / *Reading area below a bay window*

Detail entlang der Gebäudelängsachse / *Detail on the building's long axis*

Bequemer Sitzbereich mit „Bullaugen" / *Comfortable seating area with "oculi"*

Die „Lounge", Blick über den Gürtel nach Norden / *The "Lounge", looking north across the Gürtel*

Lichtstimmung im Heckbereich / *Atmosphere created by the light in the "stern" area*

Detail mit Abhängungen für die Auskragung / *Detail with the supports for the projecting bay*

Die „Lounge", Blick in der Querrichtung / *The "lounge", looking in the transverse direction*

Seite 72: Details der Bücherwände und Holztäfelungen / *Page 72: detail of the walls of books and the wood panelling*

Detail, Blick Richtung Norden / *Detail, looking north*

Otto Wagner-Stadtbahnstation mit U-Bahntrasse von innen /
*Otto Wagner's Stadtbahn station with the Underground line*

Blick in der Gebäudequerachse mit Lesezone / *View along the transverse axis with reading zone*

Seite 76: Detail Oberlicht, Erker, Treppe / *Page 76: details of a roof light, bay window, staircase*

Der zweigeschossige Bereich im College, „Kunstraum" / *The two-storey area in the "Kunstraum" (Art Room) college*

Querachse, Treppe, Infotheke, Erker / *Transverse axis, stairs, infotheque, bay window*

Detail Oberlicht, Erker, Treppe / *Details of a roof light, bay window, staircase*

Das CD-Regal im College „Kunstraum" / *The CD shelves in the "Kunstraum" (Art Room) college*

Detail der Abhörplätze mit indirekter Lichtführung / *Details of the listening stations, indirect handling of light*

In der Kinderbücherei / *In the children's library*

Abhörplätze im CD-Bereich / *Listening stations in the CD area*

Detail der Internetgalerie / *Detail of the Internet gallery*

Der Veranstaltungssaal / *The special events hall*

Seite 88/89: Gläserne Zäsur in der Längsachse / *Page 88/89: glazed caesura on the long axis*

Kein Internet !! Nur Katalogrecherche !!
Kein Internet !! Nur Katalogrecherche !!

Kein Internet !! Nur Katalogrecherche !!
Kein Internet !! Nur Katalogrecherche !!
5b Musik
SAMSUNG
SAMSUNG

„Das Bücherschiff" bei Nacht / *"The ship of books" by night*

# Raumprogramm / Schedule of Accommodation

Das Raumprogramm der Hauptbücherei und der zentralen Verwaltung
mit ca. **6.085 m²** Nettonutzfläche gliedert sich in:
*The schedule of accommodation for the main library and the central administration
with an effective net floor area of c.* **6,085 m²** *is composed of:*

| | |
|---|---|
| Bibliotheksflächen / *Library areas* | 3.920 m² |
| Büros, Buchbearbeitung / *Offices, book handling* | 1.200 m² |
| Lager, Abstellräume, Archive / *Depots, storage rooms, archives* | 445 m² |
| Sozial- und Personalräume / *Social and staff rooms* | 275 m² |
| Veranstaltungsraum / *Events space* | 125 m² |
| Café / *Café* | 120 m² |
| | |
| bebaute Fläche / *Built area of site* | 1.190 m² |
| Nettoflächen gesamt / *Total floor area* | 8.795 m² |
| Umbauter Raum / *Built volume* | 55.000 m³ |
| | |
| Gebäudelänge / *Length of building* | 150 m |
| Gebäudebreite / *Width of building* | 26,5 m |
| Gebäudehöhe / *Height of building* | 22 m |
| Anzahl der Geschosse / *Number of storeys* | 4 |

## Medien und Arbeitsplätze / *Media and workstations*

| | |
|---|---|
| Printmedien (Bücher, Noten, Fachzeitschriften) / *Print media (books, music scores, specialist journals)* | 240.000 |
| AV- Medien (CDs, CD-ROMs, DVDs, Videos, Schallplatten) / *Audiovisual media (CDs, CD-ROMs, DVDs, videos, records)* | 63.000 |
| EDV-Arbeitsplätze (Internet, CD-ROM, Datenbanken) / *Computer work stations (Internet, CD-ROM, databanks)* | 78 |
| OPAC-Plätze (EDV-Katalogrecherche) / *OPAC stations (electronic catalogue research)* | 37 |
| Audio- und Videoplätze / *Audio and video stations* | 40 |

## Kosten / *Costs*

| | |
|---|---|
| Errichtungskosten / *Construction costs* | € 28.000.000 |
| Ausbau, Möblierung und technische Ausstattung / *Fittings, furnishings, technical facilities* | € 6.000.000 |

**Projektbeteiligte / *Parties involved in the project***

| Bauherr / *Client* | Stadt Wien, Magistratsabteilung 13: Bildung und außerschulische Jugendbetreuung / *City of Vienna, Municipal Department 13: Education, Out-of-School Activities for Children and Young People* |

Bauherr
*Client*

Stadt Wien, Magistratsabteilung 13: Bildung und außerschulische Jugendbetreuung /
*City of Vienna, Municipal Department 13: Education, Out-of-School Activities
for Children and Young People*

Projektsteuerung
*Project management*

Stadt Wien, Magistratsabteilung 24: Hochbau /
*City of Vienna, Municipal Department 24: Building Construction*

Örtliche Bauaufsicht
*Local site supervision*

Stadt Wien, Magistratsabteilung 24: Hochbau /
*City of Vienna, Municipal Department 24: Building Construction,*

Magistratsabteilung 32: Haustechnik /
*Municipal Department 32: Building Services*


Begleitende Kontrolle / *Continuous project monitoring*    Winfried Glassner

Haustechnik / *Building services*    Schmidt-Reuter

Bauphysik / *Building physics*    Walter Prause

Statik Hochbau / *Structural design (above ground)*    Hans Spreitzer

Statik Tiefbau / *Structural design (underground work)*    Ingenieurbüro Pauser


Generalplaner / *General planner*    Architekt Ernst Mayr

Mitarbeiter / *Assistants:* Tini Bauer
Kai Hagmüller
Andreas Bohl
Ulli Kusztrich
Thomas Stepany

In Zusammenarbeit mit / *In collaboration with*

Detailplanung, Ausschreibung /
*Detail planning, tender documentation*    Justin + Partner ZT GmbH

Mitarbeiter / *Assistants:* Ernst Kogler
Peter Nageler

Technisch geschäftliche Oberleitung /
*Technical management*    Resetarits + Resetarits OEG

Mitarbeiter / *Assistants:* Rupert Kern
Erika Auer

**Projektphasen**

| | | |
|---|---|---|
| Herbst bis Jahresende | 1998 | Anonymer zweistufiger, EU-weiter baukünstlerischer Wettbewerb |
| 14. Jänner | 1999 | Wettbewerbsentscheidung |
| Februar | 1999 | Planungsbeginn |
| 29. November | 1999 | Spatenstich, Baubeginn Tiefbau, Umbau U-Bahn |
| April | 2000 | Baubeginn Hochbau |
| 13. Dezember | 2000 | Dachgleiche |
| November | 2002 | Baufertigstellung |
| bis Februar | 2003 | Möblierung und technische Infrastruktur |
| Dezember | 2002 | Übersiedlung Hauptbücherei |
| Jänner | 2003 | Inbetriebnahme, Probebetrieb |
| Februar | 2003 | Übersiedlung zentrale Verwaltung |
| 7. April | 2003 | offizielle Eröffnung |
| 8. April | 2003 | Start des Publikumsbetriebes |


***Project phases***

| | | |
|---|---|---|
| Autumn - end of the year | 1998 | Anonymous, two-phase competition, open to architects throughout the EU |
| 14 January | 1999 | Competition results |
| February | 1999 | Start of planning |
| 29 November | 1999 | Ground-breaking ceremony, start of underground engineering works, adaptation of the Underground station |
| April | 2000 | Start of building construction |
| 13 December | 2000 | Topping-out ceremony |
| November | 2002 | Completion of the building |
| Up to February | 2003 | Furnishing and fitting-out, technical infrastructure |
| December | 2002 | Moving of the main library |
| January | 2003 | Setting-up operation, test run |
| February | 2003 | Moving of the central administration |
| 7 April | 2003 | Official opening |
| 8 April | 2003 | Library opened to the general public |

**Danksagung / Acknowledgements**

Die Publikation und deren Drucklegung
wurde durch Ankäufe der Stadt Wien unterstützt.

*The City of Vienna supported the publication and printing
of this book by advance purchasing a number of copies.*

**Fotonachweis / Photograph credits**

Manfred Seidl: Cover,
            Seite/Page 4, 14, 28–33, 36–44, 46–47, 51–54,
            56–64, 66, 68–79, 81–83, 85, 88-89

Hubert Dimko: 34–35, 45, 48–49, 55, 65, 67, 84, 86–87, 90-91

Martin Mauerböck: 50

Paul Wilke: 25

MA13, Media Wien: 22–23

Ernst Mayr
Architekt, Wien, Österreich



© 2005 Springer-Verlag/Wien
Printed in Austria
SpringerWienNewYork is a part of
Springer Science + Business Media
springeronline.com

Übersetzung Deutsch-Englisch / Translation German-English: Roderick O'Donovan
Graphisches Design / Graphic design: Springer-Verlag/Wien
Druck / Printing: Holzhausen Druck & Medien GmbH, 1140 Wien, Österreich
Gedruckt auf säurefreiem, chlorfrei gebleichtem Papier – TCF
Printed on acid-free and chlorine-free bleached paper
SPIN: 11330547

Mit zahlreichen (teilweise farbigen) Abbildungen
With numerous illustrations, many in colour

Bibliografische Informationen der Deutschen Bibliothek
Die Deutsche Bibliothek verzeichnet diese Publikation in der Deutschen Nationalbibliografie;
detaillierte bibliografische Daten sind im Internet über http://dnb.ddb.de abrufbar.

ISBN 3-211-23353-9 SpringerWienNewYork